MW01234607

Gigi

Un Milagro de Navidad

Roger A. Rodríguez R.

Gigi. Un Milagro de Navidad
Roger A. Rodríguez R.
cancunroger2006@hotmail.com

Primera edición 2022.

Copyright© 2022 Roger A. Rodríguez R.
ISBN: 9798369917534

PRÓLOGO

Escribimos sobre los temas que nos importan. Aquellos que se convierten en obsesión y que nos dan vueltas en la cabeza. Escribimos sobre ellos porque necesitamos sacarlos a la luz, compartirlos y entregarlos al mundo, y esto es lo que sin duda ha hecho Roger A. Rodríguez R. en su libro *Gigi Un Milagro de Navidad*, trayendo a cada lector y lectora esta hermosa historia sobre el amor por los animales y por las personas, sobre los valores y principios y sobre la importancia de seguir nuestros sueños.

Esta historia nos conmueve desde el primer capítulo y la sensación va creciendo palabra tras palabra. La problemática del maltrato de los perros callejeros y de la indiferencia se puede ver retratada de manera vívida. Sin embargo, conforme avanzamos en la lectura, vamos a ir descubriendo con esperanza que inclusive ante las circunstancias más adversas hay personas nobles que están dispuestas a ayudar.

En *Gigi* también vemos los lazos familiares y de amistad reflejados alrededor de las costumbres que a todos y todas nos hacen sentir el calor de hogar, así como la importancia de enseñar a los niños desde pequeños los valores necesarios para contribuir a hacer del mundo un lugar mejor.

Gigi Un Milagro de Navidad es un libro perfecto para compartir en familia, para alimentar la esperanza de nuestro corazón y para sentirnos inspirados e inspiradas a partir de los temas tan importantes que toca. Temas que espero se vuelvan también una obsesión para cada uno de nosotros y nosotras, como lo han sido para Roger.

Alexandra Castrillón Gómez - Escritora
alexandracastrillon.com

AGRADECIMIENTOS

Quiero expresar mi más profundo agradecimiento a Dwaine y Tracy McCabe por la amistad que nos ha unido desde el año 2007, y a sus hijas Rachel y Danielle a quienes pido mil disculpas por haber tardado tantos años en publicar esta obra que fue escrita para ellas, catorce años atrás, para ser exactos.

También a mi hermano Gilberto y a su esposa Isabel. A mis sobrinos Betito y David, protagonistas de esta historia, así como a todos los niños del mundo por esperar tantos años para tener este relato en sus manos. Pido disculpas por procrastinar. Solo ruego que las enseñanzas y los valores aquí presentados los ayuden a tener un respeto profundo por los animales y por las personas con quienes conviven diariamente, y así hacer de éste un mundo mejor.

Agradezco a mis hijos Vivian Cristina, Roger Martin, Regina Kristel y Luis Arturo porque ellos me han enseñado a ser diferente y a tratar con amor a los animales. Todos aman profundamente a los animales y han contribuido con ese amor por ellos a escribir esta obra.

A Teresa, madre de mis hijos, por su desinteresado apoyo para tomar el curso de escritura.

A la Nana, Eugenia Martina, y a sus hijos, por desvelarse contando monedas para que el taller de escritura fuera un sueño hecho realidad, incluyendo a Tobi, el pequeño caniche, a quien "solo le falta hablar". Un perro que es "casi humano".

Un especial agradecimiento a Amanda Newton, de Lindsay, Ontario, en Canadá, por su valiosa colaboración en la traducción del relato al idioma inglés; y a Astrid Souesme en Lyon, Francia, por su desinteresada traducción al idioma francés.

Y a ti, que has comprado este relato para ti o para obsequiarlo a algún niño o joven, un millón de gracias. Deseo con todo mi corazón que este gesto fructifique en una persona de bien cuando sea adulto. El mundo lo necesita.

Por último, quiero dejar huella aquí de mi más profundo agradecimiento a la persona que en la recta final hizo posible que hoy esta obra exista en miles de tabletas, computadoras y celulares en todo el mundo, Alexandra Castrillón Gómez. Mi eterno agradecimiento a ti Ale.

1. VAGABUNDA Y ENFERMA EN LAS CALLES DE CANCÚN

Era la primavera del año 2009, un día caluroso como muchos otros del mes de abril en la paradisíaca ciudad de Cancún, ubicada en el Caribe mexicano. Un chubasco ligero había caído alrededor del mediodía, por lo que había estancamientos de agua por las calles maltrechas de las regiones, que distaban mucho de parecerse al Boulevard Kukulcán de la zona hotelera, de la zona turística de Cancún.

Ya era casi la una de la tarde, hora en que la mayoría de los albañiles y constructores sacaban sus *lunch*, preparados en sus casas por sus esposas, y buscaban algún lugar cómodo debajo de algún árbol para comer. Una piedra igualmente cómoda hacía el trabajo de una silla y usualmente comían y compartían sus alimentos entre ellos.

También Lala, la Bóxer sarnosa de la calle, sabía que era la hora de la comida. Asustadiza y toda mojada por el reciente chubasco miraba sin perturbación a los constructores que pacientemente comían sus alimentos. Siempre temiendo por su vida, temblaba mientras observaba a los albañiles comer. De repente, volteaba a ver a cualquier niño que pasara en la calle cerca de donde ella estaba, pues era común que algún niño agarrase algunas piedras del suelo para tirarle. Una de esas piedras, el día anterior, la había alcanzado golpeándola en la pata derecha trasera, por lo que cojeaba al caminar. Su aspecto raquítico y débil, aunado al mal olor que despedía de su piel invadida por la sarna hacía que su vida fuera miserable. Era corrida de todos lados y apedreada por todos, por eso vivía temerosa de las personas y de los niños. Legalmente no había ninguna ley que la protegiera en lo más mínimo de ser apedreada y atacada.

De repente fue vista y observada por Gilberto, amante de los perros, quien desde que llegó en su camioneta Ford Escape blanca no le quitó la mirada de encima. Estacionó el vehículo viejo, bajó y cerró la puerta detrás de sí sin quitar la mirada de la perra. Cruzó la calle y se acercó al grupo de constructores saludándolos de manera muy familiar, pues todos eran conocidos o parientes cercanos. Notando la timidez y el estado físico deplorable del animal tomó algunas tortillas, las partió en cuatro y acercándose un poco se las lanzó lo más cercano posible. Ella, temerosa y con la pata trasera alzada por el dolor, vaciló un poco para acercarse. Poco a poco movió primero sus patas delanteras, olfateando lo que acababa de caer cerca de ella, muy despacio, movió su pata izquierda trasera, siempre con su temblor característico, ya fuera por estar mojada, por miedo a ser apedreada o ya por debilidad. Finalmente llegó y comió del suelo cada uno de los pedazos de tortilla que le fueron lanzados.

—No le des más porque apesta —dijo uno de los albañiles.

—¡Apesta mucho! ¡¡¡Usha!!! —gritó otro de los albañiles, e hizo como que recogía una piedra del suelo para tirársela, por lo que el pobre animal tuvo que emprender la huida rengueando de su pata trasera.

La hora del *lunch* terminó y, después de un rato de plática y risas con los albañiles, Gilberto comenzó a recoger los huesos y pedazos de tortillas que estaban esparcidos en el suelo. Uno a uno los fue juntando en sus manos. Después se acercó a la esquelética Bóxer quien, con mirada temerosa, se preparaba para emprender la huida una vez más. Suavemente, Gilberto le susurró algunas palabras mientras le mostraba las sobras en su mano derecha y la perra comenzó a acercarse a él. Le tiró algunas migajas y ella comenzó a caminar mirando el resto de sobras que quedaba en sus manos. Un silbido suave, seguido de unas palabras igualmente suaves, hizo que ella lo siguiera hasta la camioneta estacionada del otro lado de la calle. Él saco las llaves de su bolsillo delantero derecho y suavemente abrió la portezuela trasera, le acercó la comida para que la oliera y sin dársela la puso adentro del vehículo en la parte de atrás. Ella trató de seguir la comida, pero su pierna trasera izquierda estaba tan débil que el cazador de perros tuvo que cargarla en sus brazos para subirla al vehículo.

Una vez arriba, el débil animal comenzó a comer los huesos mientras la puerta se cerraba. Gilberto entró inmediatamente al vehículo, encendió el motor y salió. Después de algunos minutos manejando, se estacionó y salió del vehículo para entrar en una veterinaria. Habló con el médico veterinario y segundos después los dos salieron y se acercaron a la camioneta. Al alzar el cristal para observarla, el veterinario no pudo ocultar la molestia que le causaba el hedor proveniente de la perra, quien yacía muy relajada en la parte trasera de la camioneta.

El médico la observó unos segundos, se acomodó los lentes para verla mejor, se quedó pensativo unos segundos, movió la cabeza en señal de no. Le puso sus manos encima para acariciarla y la perra no opuso resistencia. Ella se dejó acariciar sin ningún problema. Acto seguido, el médico se dirigió de vuelta al consultorio. Tomó dos o tres diferentes tipos de medicamento de un refrigerador, los sacudió unos instantes y los introdujo en una jeringa, y ambos volvieron nuevamente a la camioneta donde la perra esperaba y lamía sus patas delanteras pacientemente.

El médico le aplicó la inyección y, de regreso en el local, le explicó a Gilberto que la perra tenía una infección severa de sarna, una dermatitis infecciosa avanzada, estaba anémica y raquítica. Le proveyó otros medicamentos, un jabón y un shampoo especiales. Gilberto pagó el servicio y los medicamentos y salió del establecimiento. Tomaron carretera nuevamente, mientras le hablaba al animal y le decía que todo iba a estar bien, como si ella entendiera lo que él le decía.

Mientras manejaba hacia El Milagro, colonia donde vivía, activó su teléfono y antes de llegar a casa avisó a la tía Chabelita, su esposa, para que ella y los niños lo esperaran afuera porque les llevaba una "sorpresa" muy bonita.

—Es una perrita Bóxer que he encontrado en la calle —le dijo a su esposa.

Betito y David, sus pequeños hijos, se apresuraron a salir, al igual que sus primos Regina y Luis, quienes esa tarde se encontraban jugando en casa de sus primos. Incluso Rocky, el Bóxer de la casa, de complexión robusta, sabía que algo bueno estaba por llegar.

—Encontré una Bóxer perdida en la calle. Está hermosa—dijo mientras sonreía y se encaminaba a abrir la puerta trasera del vehículo blanco.

Todos estaban entusiasmados y a la expectativa, esperando a una cachorrita con quien los niños podrían jugar. Grande fue la sorpresa de todos cuando Gilberto abrió la portezuela trasera de la camioneta. Todos se imaginaron una perrita Bóxer tierna, a quien podrían abrazar y jugar con ella. Las sonrisas se esfumaron, y los ojos de los niños y de la tía Chabelita se agrandaron al ver al pobre animal desnutrido que no tenía ni las fuerzas ni el ánimo para ponerse de pie. Segundos después todos comenzaron a percibir el hedor que emanaba de ella. Regina dijo:

—¡Guácala, ese animal está feo y apesta horrible tío!—a la vez que caminaba en reversa y se tapaba con sus manos la nariz y boca, conteniendo la respiración.

Los tres niños Betito, David y Luis se echaron a correr, alejándose del vehículo lo más lejos que pudieron. La tía Chabelita no podía ocultar el asco que le provocaba respirar el pestilente aire, y las náuseas no se hicieron esperar. Las ganas de vomitar también hicieron que corriera al baño del interior de su casa. Rocky fue el único que no corrió. Parado y con sus patas delanteras en la parte trasera de la camioneta movía los tres centímetros de cola que tenía y ladraba invitando a la recién llegada a bajar del vehículo.

2. LALA SE RECUPERA PERFECTAMENTE

Los días pasaban y Lala cada vez se sentía mejor y se veía mejor. El cuidado de Gilberto, los baños que le daba cada día con el jabón y el shampoo recetados por el veterinario, aunado a los medicamentos adicionales que también había recetado el médico, habían hecho su trabajo y la sarna ahora era cosa del pasado, por lo que ya no había peste de ningún tipo que saliera de la piel del animal.

La alimentación casera y abundante que recibía cada día de Isabel le había permitido ganar peso. Incluso la anemia era cosa del pasado también. Al cabo de un mes, ya todos en casa habían aceptado a Lala como un miembro más de la familia. Los niños corrían y jugaban con ella todas las tardes.

Los niños tiraban la pelota en el jardín para que ella y Rocky corrieran a traerla de regreso. De todos, quizás Rocky era quien mejor la pasaba con su nueva compañía. Ambos corrían estrepitosamente de un extremo a otro de la casa, se correteaban entre ellos, ladraban, se mordisqueaban, jugaban a las luchas y peleas, jaloneaban y sacudían sus mandíbulas, forcejeando con cualquier pedazo de tela o cuerda que encontraban tirados o que habían sido olvidados por la tía Chabelita, quien ya se había adaptado y veía con buenos ojos la compañía de la más reciente integrante de la familia.

La segunda visita al médico fue mucho más positiva que la primera. El propio veterinario no podía creer lo bien que se había recuperado Lala.

Revisión de dientes: bien, revisión de ojos: bien, revisión de oídos: bien; Patas delanteras: bien, y patas traseras "muy, pero muy bien" dijo el galeno al sentir la fuerza que tenía. Pues todos los días corría, a todas horas, tanto jugando con Rocky como jugando con los niños también, por lo que no era difícil sentir la fortaleza de sus atléticas patas delanteras, así como las traseras.

—Humm—dijo el médico al revisar la parte trasera del animal.

—¿Qué pasa Doctor?—preguntó Gilberto inmediatamente con semblante interrogatorio.

—Pues Lala pronto entrará en celo—dijo el galeno—. Es un bonito ejemplar, muy hermosa. Si la cruzas, tienes que procurar dos cosas.

—¿Cuáles? —replicó instantáneamente Gilberto.

—Bueno —prosiguió el médico—mira, las dos cosas que te voy a decir son súper importantes. En primer lugar, tienes que cuidar muy bien la alimentación de Lala y que cuando la cruces sea con un perro de su misma raza.

—Tengo uno de la misma raza en casa, doctor—respondió Gilberto, mientras sacaba y abría su celular para mostrarle al veterinario unas fotos de Rocky.

—¡Woow! —dijo el médico asombrado mientras se inclinaba sobre el celular y se acomodaba sus lentes para mirar mejor las imágenes—. Qué hermoso animal.

—¿Y cuál es la segunda? —preguntó Gilberto, ansioso.

—Mira —prosiguió el médico—, cuando vi a Lala por primera vez, su infección cutánea estaba tan avanzada, aunada a la desnutrición que presentaba, y su debilidad era tan grande, que dudé mucho que fuera a recuperarse. Sinceramente te felicito. Has hecho un trabajo excepcional al cuidarla. Entonces...—se produjo un breve silencio, Gilberto abrió los ojos tan grandes como pudo, esperando las siguientes palabras del galeno—. Entonces quiero que me regales uno de los cachorros que van a nacer de Rocky y Lala. ¡Van a ser hermosos! No hay manera de que no lo sean. Serán cachorros muy bonitos y muy fuertes. ¡Todos sin ninguna excepción!

—Uff —exclamó Gilberto quien ya estaba temiendo lo peor—. Sin ningún problema Doctor, cuente usted con ello. Ambos se estrecharon las manos y Gilberto se encaminó hacia la camioneta que tenía los cristales abajo. A una señal de éste, Lala pegó un salto y, de una, ya estaba adentro, en el asiento delantero. Entrando a la camioneta, Gilberto, con su característica sonrisa, le dijo: —¿Ves? Te dije que todo iba a estar bien. ¡Vámonos! —gritó en franca y feliz señal de partida.

Lala, sentada en el asiento del copiloto jadeante y con la lengua afuera, volteó a ver al veterinario quien alzó su mano en señal de adiós y los despidió con una sonrisa.

3. LALA EMBARAZADA

Los días transcurrían en la Colonia El Milagro de Cancún, una colonia en los suburbios de la ciudad. Lala y Rocky eran los perros más felices del mundo. Betito y David disfrutaban mucho jugando con los perros al igual que sus primos Regina y Luisito, el más pequeño de todos ellos.

A veces, la gran fuerza de los perros, al correr cerca de Luis, hacía que lo tiraran accidentalmente cuando jugaban cerca de él, pero el pequeño se levantaba las veces que cayera y corría detrás de ambos perros para abrazarlos. A veces los golpeaba con lo que tuviera en la mano, lo que los perros consentían con gran ánimo, sabiendo que era el bebé de la familia.

Eran días muy felices para cada miembro de la familia Rodríguez, incluyendo al par de caninos. De repente, varios perros comenzaban a acercarse a la casa. Todos buscaban acercarse a Lala. El alto contenido de feromonas que despedía era como un imán para toda clase de perros en la calle. Rocky, estoicamente, correteaba a todo aquel canino que intentara acercarse demasiado atraído por la feminidad de Lala.

Eran constantes las peleas entre los otros perros y Rocky, quien podía pelear con tres o cuatro perros al mismo tiempo y salir victorioso de cada batalla. Ningún perro osaría robarle el amor de Lala y salir victorioso de esa pelea. A todos los acababa corriendo del lugar, y luego regresaba con Lala, quien veía orgullosa cómo Rocky era capaz de de defenderla.

Incluso, el más grande e insistente de todos, el Negro, un perro de pelaje oscuro siempre se llevaba su merecido por parte de Rocky. Él asumía muy en serio su papel de guardián de la familia. Nadie podía acercarse a la puerta de la casa sin que él los detuviera con sus ladridos y mostrando sus feroces colmillos. Ya fuera protegiendo a Lala, a los niños o a cualquier habitante de la casa, él era el defensor de cada uno de los miembros de su familia y daría la vida por ellos si fuera necesario. Estaba en los genes de su raza bóxer cuidar celosamente a cada miembro del hogar, en especial a los más pequeños. Por algo su raza tenía el distintivo bien ganado a nivel mundial de ser "el perro de los niños".

Los días pasaron y, por fin, era notorio que Lala estaba embarazada. Poco a poco, se le fue agrandando el vientre y cada día los juegos y las carreras fueron disminuyendo. Rocky permanecía junto a ella todo el tiempo. Los niños hacían todo tipo de preguntas y, conforme pasaban los días, cada vez se mostraban más ansiosos.

—¿Cuánto tiempo falta para que nazcan los perritos papá? —preguntó Betito quien, a sus cinco años, quería saber todo.

—¿Verdad que tienen que pasar nueve meses para que nazcan, Tío Beto? —expresó Regina.

—No, no, no hijita—la corrigió el Tío Gilberto con gran amor—. El período de gestación en los perros es de tan solo sesenta días—explicó a ambos niños—Solo son dos meses para que nazcan y ya.

—¿Y eso es mucho tiempo? —preguntó David.

—No —dijo el padre—, en unas dos semanas aproximadamente deben de nacer.

—Tío, yo quiero un perrito cuando nazcan. ¿Me vas a regalar uno? ¡Anda, di que sí tío… por favor! —exclamó Regina en tono suplicante.

—Claro hijita —respondió el tío Beto—. Un perrito será para ti.

—Gracias tío —replicó agradecida Regina.

—El más grande de todos lo llamaremos Rocky, como el papá —apuntó Betito.

—Sí —gritó David.

Luisito guardó silencio. Su corta edad le impedía pronunciarse. A sus dos años, su vocabulario era limitado y solo asentía con la cabeza a todo lo que los niños mayores decían.

—¡Má! —dijo mientras señalaba a su madre Teresita, que ya llegaba por ellos con una bolsa de pan y dulces para todos.

—Hola, Tía Chabelita—saludó Tere.

—Hola, Tía Teresita—respondió Isabel.

—Hola, niños —saludó a todos, levantando en sus brazos a Luisito, a quien, en un instante, llenó de besos, mientras este le quería decir algo de los perros señalándolos y balbuceando: "ah ah ah ¡¡áááhhh!!".

4. LALA DA A LUZ

Por fin llegó el día. A los dos meses, tal y como el tío Gilberto lo había explicado a los niños, Lala entró en trabajo de parto.

Eran como las seis de la tarde de un día caluroso del mes de julio. En menos de una hora ya había nacido el primero. Era una hermosura de animal. Tal y como lo había previsto el médico veterinario, era un hermoso ejemplar con todas las características de linaje bóxer. Vino el segundo, que parecía un verdadero clon de Rocky. Si las palabras de David eran ciertas, éste sería quien llevaría el nombre de su padre: tenía todas las características de su progenitor, patas grandes, hocico voluminoso y chato de un verdadero bóxer, pecho amplio y separado a la mitad. La tercera fue una perrita, una cosa espectacular. Su cuerpo mediano y bien femenino la hacía parecerse mucho a su mamá quien se apresuraba a limpiarla con su lengua al igual que había hecho con los dos primeros. El cuarto recién nacido fue la sorpresa inesperada. Su aspecto indefinido causó interrogantes, pero lo que más intrigas provocó fue su color negro. Era un cachorro con algunas facciones de bóxer, pero con certeza no era totalmente perteneciente a este linaje. Después vino otra perrita y otra más le siguió. Un cachorrito de lo más hermoso, de pelaje más claro que el de todos sus hermanos, fue el séptimo.

Varios minutos después llegó el último de la camada. Lala se mantuvo ocupada la mayor parte del tiempo, limpiando a cada uno de sus recién nacidos. Los revisaba y no cesaba de lamerlos. A cada uno les rompió la placenta y les cortó el cordón umbilical, lamiéndolos sin cesar hasta dejarlos totalmente limpios.

Ya entrada la noche los perritos estaban todos acomodados, succionando el delicioso calostro de Lala quien, por este medio, les transmitía todo tipo de vitaminas y defensas para comenzar sus batallas en este mundo.

—Hora de dormir —dijo Gilberto a los niños cuando ya era pasada la medianoche.

Había sido una tarde agotadora, pero de mucho aprendizaje para los niños. Ver nacer ocho perritos sin duda fue una experiencia que no muchos tienen. Con cada uno de los recién nacidos, Lala se portó como una madre profesional y abnegada, impartiendo a todos sus cachorros el cuidado y el amor que cada uno requería.

—Todos nacieron bien. Todos están hermosos y fuertes, como dijo el Doctor que nacerían— dijo Gilberto a su esposa, ya en cama, cerca de la una de la mañana.

De repente, cuando estaba a punto de dormirse dijo:

—¡Oh! —al mismo tiempo que se levantaba de la cama.

—¿Qué pasó? —preguntó Isabel algo extrañada.

—No le dejé agua a Lala para que tome—exclamó al tiempo que se ponía sus sandalias y salía para proveer de agua a la recién parida.

Atrás de la cocina, en un área techada donde había preparado con especial esmero el lugar de nacimiento de los cachorros, se escuchó el ruido del agua llenándose en un contenedor. Se notó hasta adentro de la habitación el resplandor al encender la luz donde yacían todos los recién nacidos cuando de repente se escuchó un prolongado "Wow".

—Isabel ven—gritó a su esposa—. ¡Corre!—Enseguida estaban allí, no sólo Isabel, también Betito y David, quienes aún no se habían dormido.

—Wow —exclamó Betito.

—¿Está muerto? —preguntó David.

—Creo que sí—respondió Gilberto.

—¡Nació muerto! —exclamó Isabel.

Muy cerca de Lala yacía tirado en el suelo, inmóvil, el cuerpo del noveno nacimiento. Lala hacía un esmerado esfuerzo por limpiarlo y, con su lengua, movía de lado a lado el diminuto cuerpo.

—Sí, nació muerto—dijo Gilberto quien, acercándose un poco, tomó el pequeño cuerpo que medía menos de la mitad que sus hermanos y pesaba casi nada. Con sumo cuidado, Gilberto comenzó a darle masaje en el pecho y a soplarle en las narices y, de repente, después de repetidos intentos, el animalito movió la cabeza. Enseguida movió las patas como queriéndose aferrar a algo.

—¡Está vivo! —Exclamó Isabel.

—Es una perrita —avisó Gilberto.

—¿Y por qué tiene la cabeza así, papá? —preguntó David.

—No lo sé —murmuró Gilberto mientras le acariciaba la notoria protuberancia en la cabeza de la débil cachorrita, quien ya comenzaba a tener más movimiento en sus patas traseras y delanteras.

—No creo que viva. Nació deforme de la cabeza —dijo Betito—. Además, está muy chiquita y muy débil.

Con mucho cuidado de que no se le fuera a caer de las manos, Gilberto se agachó hasta llegar muy cerca de Lala y la acomodó en una de las tetillas para que comenzara a succionar el calostro que tanto necesitaba. Después de varios intentos errados, finalmente pudo dejar su boca en la tetilla y comenzó a tomar el vital líquido que tanta falta le hacía.

—Ja ja ja, se ve chistosa con la cabeza deforme —dijo Isabel. Casi a las dos de la madrugada.

—Ahora sí, a dormir —exclamó Beto una vez más.

5. VALORES Y PRINCIPIOS PARA UNA VIDA DE RECTITUD

Los días transcurrían en casa de los Rodríguez Altunar y los cachorros ya conocían el perímetro de la casa y el patio del que disfrutaban en todo momento.

Era maravilloso ver a todos crecer y desarrollar sus personalidades muy individuales, bueno, casi a todos. El pequeño Rocky crecía para parecerse más a su padre cada día.

—Este se quedará en casa —dijo Gilberto mientras lo agarraba con sus manos alrededor de las axilas y lo alzaba orgulloso en el aire por encima de su cabeza.

El primer cachorro que había nacido ya estaba destinado para el veterinario Manuel Ayza. Regina había pedido a su tío Gilberto la perrita con la cabeza deforme, a quien ya había bautizado como Gigi. Todos sus hermanos crecían y se desarrollaban a la perfección, excepto ella, cuyo diminuto cuerpo parecía no querer desarrollarse, pero sin lugar a dudas era en quien todo mundo se fijaba y nadie podía dejar de preguntar qué era lo que tenía en su cabecita. Sus ojos tiernos hacían que todos quisieran abrazarla y besarla. Nadie que la viera podía resistirse a querer cargarla, abrazarla y besarla. Casi era una obligación acariciarle la cabeza y sobar su protuberancia con delicado amor. Varias personas habían expresado su deseo de quedarse con ella, pero Gilberto les decía:

—No, esa se va con mi hermano Roger. Regina la pidió desde que la vio recién nacida. Se enamoró de ella inmediatamente, así es que esa ya tiene dueño.

Así transcurrían los días de un verano maravilloso en la ciudad turística del caribe mexicano. Cachorros y niños corrían y jugaban a diario. Lala aprovechaba cada oportunidad para enseñar a los cachorros nuevos juegos. Pronto aprendieron a traer la pelota, a jalar una cuerda de trapo por los extremos, a saltar para ganarse un hueso, los machos comenzaban a practicar las peleas en las que el robusto Rocky salía siempre ganador. Lala sabía que el día de la separación se acercaba, pues siempre escuchaba a Gilberto decir qué cachorro se iría con qué familia. Por lo que, una tarde, después de que los cachorros terminaron de jugar con los niños, la madre los juntó y les dijo que pusieran mucha atención que lo que tenía que decirles era muy importante. Así es que, una vez que tuvo la atención de todos los perritos, les dijo:

—Quiero que sepan que soy una madre muy feliz y orgullosa de haberlos tenido a cada uno de ustedes. Como cualquier madre, soy feliz al verlos correr en el patio. Soy feliz al verlos jugar con los niños y saber que se comportan bien con ellos y que los cuidan como lo que son: la parte más importante de la familia. Nuestra raza es distinguida en el mundo entero porque somos conocidos como los perros niñeros y nunca debemos de faltar a ese merecido reconocimiento. Siempre deberemos cuidar celosamente de cada uno de los niños de nuestras familias, porque ellos son el futuro de nuestra nación, de nuestro país. Ellos son los que algún día no muy lejano conducirán los destinos de nuestra patria y es a ellos a quienes debemos de cuidar con sumo respeto y por quienes debemos entregar hasta nuestras vidas. En la familia o lugar que les toque vivir cuiden siempre de los más pequeños pues ellos son lo más importante de nuestra misión en esta tierra. Niños bien cuidados y amados serán buenos ciudadanos, de lo cual el mundo adolece mucho en estos tiempos. En cuanto a ustedes, deseo que a través de la vida procuren siempre la felicidad. Sepan que no hay nada más importante en el mundo que la felicidad propia. Ser felices deberá ser su objetivo principal de la vida. Jamás permitan que nadie les robe su alegría. En su paso por la vida van a encontrarse con seres y personas que por todos los medios querrán privarlos de esa felicidad. Jamás lo permitan. Siempre procuren su felicidad y la de aquellos seres que los rodean. Vivan para ser felices y para hacer felices a las personas con quienes les toque convivir. Nunca pierdan su esencia y nunca dejen de ser pequeños felices. Sean felices como niños, por siempre. Aun en la edad adulta, no dejen de serlo. No dejen de ser como niños. Sean seres de valores y vivan bajo los principios de una vida de rectitud. El mundo está lleno de seres sin valores, ya sea porque nunca se los enseñaron en sus casas, porque sus padres nunca les dedicaron el tiempo necesario para inculcarles buenos principios, o porque las instituciones educativas fallaron en ese cometido al procurar únicamente el aspecto económico de la educación, o bien porque cada individuo decidió ignorarlos a pesar de que se les había enseñado, porque esos individuos decidieron torcer los caminos de rectitud. Guarden siempre estos principios en su corazón y vivan por ellos. Estos son algunos de los valores por los cuales deberán vivir y actuar en todo momento. Nunca se aparten de ellos:

El AMOR. Vivir bajo este principio les hará seres felices. Existen diferentes formas de vivir bajo este principio. El amor hacia nuestros padres y nuestros seres queridos nos ayudará a tener una familia feliz. Una familia donde siempre existe el respeto y la ayuda mutua produce una familia fuerte y unida. Estas familias son las que sortearán todo tipo de dificultades aun en los momentos más adversos de la vida. El amor hacia nuestro linaje nos dará identidad ante el mundo. Nuestra raza y nuestro linaje son especiales. Nunca se consideren menos. Siéntanse siempre orgullosos de dónde vienen y de sus raíces. Que nada ni nadie los avergüence por su origen, por su raza, por su color de piel ni por el lugar donde nacieron. Amen siempre el lugar que los vio nacer, porque eso les dará identidad ante el mundo. Tú estás hecho de amor y eres producto del amor. Tu verdadera esencia es el amor y todo aquello que tiene que ver con el amor te acerca a ti y a tu verdadera esencia, a tu yo interior. Ámate a ti mismo, ama a los que te rodean, ama a quienes te enseñan, ama lo que sabes y lo que haces. El amor todo lo sufre, todo lo espera y todo lo soporta. No hace distinciones. El verdadero amor nunca deja de ser. Nunca pasa[1].

LA AMISTAD. Este principio es invaluable. La amistad es una relación afectiva entre dos o más individuos que se sustenta en valores fundamentales como el amor, la lealtad, la solidaridad y la sinceridad. Tener un amigo es tener a un ser de Luz y protección con nosotros. Cuando tenemos un amigo, nunca estamos solos. Por lo tanto, debemos amar, cuidar y proteger a nuestros amigos por sobre todas las cosas. Solo un ser malvado se atreve a traicionar la confianza de un amigo. A los amigos se les cuida, se les protege, se les ama y se les procura. Jamás debemos traicionar a un amigo. Siempre debemos ser leales a quienes nos brindan su amistad.

LA LEALTAD. El mundo está carente de este principio y los hombres se traicionan unos a otros. Por la lealtad nos mantenemos firmes a nuestras convicciones y a nuestras creencias. Por la lealtad cuidamos a nuestros seres queridos, a nuestras familias y a nuestros amigos. Es por la lealtad que no debemos traicionar, y así como no debemos traicionar a nadie, tampoco debemos permitir rodearnos de seres traidores, pues alguien que traiciona una vez, muy probablemente traicionará siempre. Aléjense de los traidores. Aléjense de ellos porque pueden causarles mucho daño. La lealtad es un atributo de seres nobles. No cualquiera lo tiene.

LA HONESTIDAD. Sean honestos ante todas las cosas y nunca tomen nada que no les corresponda. Hablen siempre con la verdad y sean seres auténticos. Desechen la mentira y procuren la verdad, pues un mentiroso tarde o temprano es descubierto. Hablen siempre con la

---

[1] Corintios 13:4 -8.

verdad y la verdad los hará libres. "La mayor necesidad del mundo es la de seres que no se vendan ni se compren. Seres que estén de parte de la verdad y la justicia, aunque se desplomen los cielos"[2]. En la vida o se es honesto o simplemente no se es.

LA FIDELIDAD. Sean fieles y practiquen este valor cada día de sus vidas. Sean fieles a sus familias. Sean fieles a sus guías. Sean fieles a sus creencias y sean fieles a ustedes mismos. Por ningún motivo se conviertan en seres infieles. La fidelidad les ayudará a mantener con ustedes a los seres que más les importan, a los seres que aman, a aquellos que siempre deben mantener a su lado.

LA GRATITUD. Sean siempre agradecidos. Un ser agradecido es un ser querido, amado y bienvenido en todo momento y lugar. Agradezcan por la vida, por la familia, por la salud, por el trabajo y por todo aquello que tengan. Cuando son agradecidos, el universo siempre les dará más.

LA BONDAD. Sean buenos con los demás. Sean apacibles, empáticos y de buen corazón. Ayuden sin esperar nada a cambio. Sean amables con los adultos y ancianos. Sean tiernos con los niños y dadivosos con los necesitados. Usen la sensibilidad de su corazón para hacer el bien, pero siempre sin permitir que los aprovechados abusen de su benevolencia.

Vivan siempre bajo estos principios, para que tengan una vida recta y feliz —esto decía la madre—. Pronto cada uno de ustedes dejará este lugar que los vio nacer. Es la ley de la vida. Vivir bajo principios de rectitud los hará siempre seres grandes y de bien, no importa a dónde los lleve la vida. Vivan agradecidos en todo momento. Agradezcan por todo aquello que la vida les dé y no dejen de crecer. Nunca dejen de aprender. En el estudio encontrarán la virtud y en el conocimiento la libertad.

---

[2] Helen G. White. Mensaje Para los Jóvenes.

Y habiendo terminado la enseñanza de los principios y valores para la vida, Lala se acercó y bendijo a cada uno de sus hijos. Los abrazó y besó con mucha ternura y tristeza. Gruesas lágrimas comenzaban a formarse y a rodar de sus ojos, tratando de ocultarlas para que ellos no las notasen. Sufría como sufre toda madre que sabe que sus hijos deben partir para labrar su propio camino en la vida. Sabía que al día siguiente cada uno tomaría un camino distinto. Sabía que la partida de cada uno de ellos sería insoportable, pero confiaba en que vivirían con rectitud y que cada uno encontraría el propósito de su vida.

6. GIGI VA A SU NUEVA CASA

El día de separar a los cachorros para ser entregados a sus nuevos dueños llegó. Gilberto, con su singular alegría convocó a unas carnes asadas en su casa de la Colonia El Milagro para hacer la entrega oficial a
cada uno de quienes serían los dueños de los cachorros. El primer invitado en llegar fue Manuel Ayza, el médico veterinario de origen liba-
nés y ojos azules, quien llegó acompañado de su bella esposa.

El segundo invitado en llegar fue Roger, quien llegó con su amiga
Amanda, una canadiense que era su compañera de trabajo, y con quien
había creado una amistad entrañable. Ella había llegado a México para
aprender en definitiva el idioma español que tanto le gustaba. Pidió una
licencia de ausencia del trabajo por un año como maestra de educación
especial en Lindsey, Ontario, y estaría en Cancún hasta el 24 de diciembre, día en que retornaría a su país de origen.

Teresita, Regina y Luis llegarían un poco más tarde. También llegó
José el vecino adventista y mecánico con quien Gilberto tenía una entrañable amistad. Y así, llegaron otros tantos vecinos y conocidos, así
como las primas Fabiola y Gloria.

Beto, como era llamado por su familia cercana, era un imán de gen-
tes, naturalmente atraía a las personas, y esta ocasión, seguramente, no
sería la excepción. Su singular carisma, su inigualable bondad y su

eterna sonrisa lo hacían un ser excepcional. Allí estaban el Médico Veterinario, su hermano Roger el abogado, de quien se sentía extremadamente orgulloso, José su vecino mecánico, con quien tenía una gran amistad. Farías, el dueño del perro negro con quien Rocky había tenido tantas peleas, las primas y otros tantos personajes de diferentes profesiones y oficios. Todos estaban allí congregados esa tarde. El delicioso olor de las carnes asadas se sentía a la distancia. Los cachorros jugaban y saltaban en el jardín, como siempre, sin saber que esa sería la última vez que jugarían y saltarían juntos como hermanos, como una familia.

Y el momento llegó. Al Médico Veterinario le dieron el cachorro más bonito de la camada. Roger tomó y abrazó con gran cariño a Gigi, nombre con el que Regina había bautizado a la perrita con su enorme protuberancia. José escogió una hembra. Farias pidió el cachorro de color oscuro porque decía que era su nieto. Y así, los invitados agarraban a sus respectivos perros y jugaban con ellos, les daban pequeños trozos de carne asada y los pequeños caninos comían con indulgencia.

En casa solo quedarían tres cachorros, incluyendo a Rocky, quien estaba destinado a quedarse definitivamente con sus padres Rocky y Lala. Al final, y antes de partir, Roger hizo dos llamadas telefónicas y se llevó a los dos últimos cachorros, uno para su vecino constructor, Don Miguel el chiapaneco, y el otro para el primo de Don Miguel, el güero Alejandro. Poco a poco los invitados fueron retirándose uno a uno, felizmente hasta que la casa, por fin, quedó sin gente y sin cachorros, excepto el pequeño Rocky, junto a sus padres Rocky y Lala.

7. GIGI SE ADAPTA A SU NUEVA CASA

Los días transcurrían felizmente y Gigi era una cachorra muy querida, muy amada y muy mimada. Su aspecto tierno y débil la hacía un animalito deseado, querido por todo el que la veía. Su estado de ánimo quieto la hacía un miembro más de la familia que no daba absolutamente ningún problema. Le gustaba ser acariciada y recibir amor de todos. Su protuberancia en la cabeza no parecía querer desvanecerse. Pero quizá esa era la razón por la cual todo el mundo quería abrazarla y mimarla.

Era el mes de noviembre y, ya desde entonces, se dejaba ver que el cercano invierno sería bastante frío. Roger convocó a algunos amigos a una reunión en su casa de la Colonia México, una especie de despedida de sus amigos Dwaine y Tracy McCabe a quienes había conocido años atrás y quienes venían a Cancún siempre en los primeros días de noviembre. Ya era costumbre que cuando venían de vacaciones, iban un día a casa de Roger para convivir juntos.

Inexplicablemente había nacido entre ellos una sólida amistad, al grado de llamarse *brothers*. El güero asaba las carnes que Don Miguel acarreaba del asador de la terraza, junto a la piscina, hasta adentro de la cocina donde la nana de Regina, Doña Geny, las aderezaba con gran esmero.

Consuelo y sus hijos habían llevado carne de borrego de su restaurant cercano. Su hijo Alejandro llevó su guitarra y, junto con Roger y Regina en el piano, cantaron canciones mexicanas conocidas como "Cielito Lindo", "La Bamba", "México en la Piel" y algunos temas navideños en inglés para que Dwaine y Tracy pudieran cantar también, tales como "Jingle Bells", "Silent Night" y otros.

Al calor de las cervezas, quien no tocaba algún instrumento se convertía en cantante por *default*, pero todos estaban muy felices y todos participaban de alguna manera en la festiva despedida de los canadienses. Y la más feliz de todos, seguramente, era Gigi. Desde que Dwaine y Tracy llegaron, ambos se acomodaron en un sofá de la sala e inmediatamente Tracy tomó a Gigi, la besó, la acarició y la abrazó con tanta ternura que inmediatamente nació una conexión única entre ellas. Durante las cuatro o cinco horas que los canadienses estuvieron en casa de Roger, Gigi siempre estuvo acostada en las piernas de Tracy, quien en ningún momento dejó de acariciarle el cuerpo y la cabeza. Gigi debió haber estado muy cómoda recibiendo caricias durante unas cinco horas, pues en ningún momento intentó moverse o abandonar las suaves piernas de Tracy. Con singular atención, escuchaba todo lo que Tracy o Dwaine dijeron sobre ellos mismos o sobre sus hijas en Canadá, o sobre el lugar en que vivían, imaginándose por momentos lo bello que sería poder vivir en aquel país que de entrada sonaba maravilloso. Se imaginaba la blanca nieve que con entusiasmo describían los canadienses, y esos bosques y árboles gigantes que decían que circundaban su casa. Todo sonaba muy bonito. Y el hecho de que hayan dicho que durante cuatro años seguidos Canadá fue nombrado por la ONU como el mejor lugar del mundo para vivir, lo hacía aún más interesante.

Una vez que comieron, bebieron cervezas, cantaron y fueron felices, vino una etapa de relajación y preguntas. Y obviamente que todas las preguntas eran dirigidas a Dwaine y Tracy, quienes en dos días tomarían un vuelo de regreso a la Ciudad de Toronto. Don Miguel preguntó cómo eran las casas en Canadá, y difícilmente podía creer que solo fueran de madera. Sonriente, dijo que él iba a ir a Canadá a construir casas de *block* y concreto como se hacen en México y todos rieron junto con él. La nana les preguntó si la contratarían, que ella se iba de cocinera, a lo que Dwaine le dijo que sí, que ya estaba contratada. Consuelo preguntó a los extranjeros si había restaurantes mexicanos donde ellos vivían y la respuesta fue que no habían. Tracy explicó que en Toronto sí había algunos, por ser una ciudad grande, pero en el pequeño pueblo donde ellos vivían, de nombre Cavan, no había ninguno.

Teresita trataba de practicar su inglés y no quería que Roger tradujera sus preguntas a lo que con un poco de dificultad preguntó:

—Is it big where you live?[3]

—No —fue la respuesta inmediata de Tracy.

—What is the name of the city where you live?[4]

—We live in a small city called Cavan[5]—respondió Dwaine.

—Entonces aterrizan en Toronto y de allí ¿qué tan lejos está la ciudad de Cavan? —preguntó Roger.

—Estamos como a 160 kilómetros de Toronto —volvió a decir Dwayne—. Son como dos horas manejando, aunque, si hay nieve, puede tomar tres o cuatro, dependiendo del tráfico. Vivimos cerca de otras dos ciudades pequeñas, Lindsey y Peterborough. Estas dos y Cavan están a treinta minutos unas de otras. Vivimos en Cavan, fuimos a la escuela en Lindsey y somos de Peterborough —dijo Tracy—. Nuestra casa está en los bosques de Cavan y Cavan está entre Lindsay y Peterborough, un poco más cerca de Peterborough que de Lindsay, pero en realidad no estamos lejos de estas dos ciudades. Si venimos del aeropuerto de Toronto, primero se llega a Lindsay y después se continúa a Cavan —concluyó.

Luego Tere, quien trabajaba en un banco local volvió a preguntar:

—How is the exchange rate vs the US Dollar?[6]

---

[3] ¿Es grande el lugar donde viven?
[4] ¿Cuál es el nombre de la ciudad donde viven?
[5] Vivimos en una ciudad pequeña llamada Cavan.
[6] ¿Qué tal está la tasa de cambio ahora con respecto al dólar estadounidense?

—Excellent[7] —respondió Dwaine muy orgulloso de su moneda, que estaba a la par del dólar americano.

Y así todos, deseosos de saber más de Canadá, preguntaron una y otra cosa a los extranjeros que, complacidos, respondían a cada una de las preguntas. El güero, Alejandro, preguntó a cómo pagaban la hora para pegar *blocks*. Ale, la hija de consuelo dijo que le gustaría abrir una cafetería, ya que su especialidad era preparar deliciosos cafés y repostería fina. Daniel, también hijo de Consuelo, preguntó si había borregos en Canadá, ya que su negocio era vender barbacoa de borrego. Al final Alejandra pidió que le dieran la dirección de su domicilio y preguntó si podían visitarlos si algún día iba a Canadá, a lo que Dwaine y Tracy respondieron al unísono:

—Of course![8]

—¿Tienes dónde anotar nuestra dirección? —Y enseguida se la dictaron:— 537 Hwy 7A, Cavan, Ontario, Canadá.

Gigi, muy cómoda en las piernas de Tracy, escuchaba con atención cada una de las respuestas y las grababa en su mente.

Los extranjeros platicaron de sus hijas Rachel y Danielle, a quienes ya se morían por ver. Hablaron de su perro pastor alemán Rex, que ya estaba viejo y no escuchaba ni veía bien, y sus catorce años en la familia les hacía pensar que pronto dejaría este mundo, y mirando a Gigi y acariciándola, Tracy le dijo que ella sería una buena compañía para Rex.

—Lástima que tengas tan buen dueño aquí, porque si no, te llevaría a vivir con nosotros a Canadá —expresó mientras la alzaba un poco por encima de su cabeza y le hablaba a la cara.

—Rachel se enamoraría inmediatamente de ella —concluyó Dwaine.

Pasada la media noche, todos los invitados se habían marchado. Alejandra, la hija de Consuelo, ofreció llevar a Tracy y Dwaine a su hotel Riú Palace en el corazón de la Zona Hotelera.

---

[7] Excelente.
[8] ¡Por supuesto!

Roger, en vez de dormir, se acomodó en su escritorio, puso música del Canadian Brass que era su favorita y comenzó a escribir, como era su costumbre por las noches, mientras Gigi se acomodaba a metro y medio de él y lo acompañaba hasta muy entrada la madrugada, sin quitarle la mirada para nada. A pesar de que era bastante dormilona, no lo hacía mientras Roger escribía. Siempre lo acompañaba hasta que escribiera la última palabra y apagara la *laptop*.

En ese entonces escribía un libro de perritos que prometió terminar y enviar a las hijas de Dwaine y Tracy, siempre con la protagonista acostada frente a él, sin quitar la mirada de sus dos dedos índices, los que él utilizaba para escribir. La siguiente tarde, y antes de que llegaran los demás invitados, Roger abrió su *laptop* y les leyó el relato que ya casi estaba terminado. Dwaine y Tracy escucharon con atención la historia que los involucraba a ellos y a sus hijas.

—Está muy bonito el relato —le dijeron, tratando de secar las lágrimas que de ambos habían escurrido.

—Gigi, algún día vas a ser famosa—le dijo Tracy mientras acariciaba la protuberancia que sobresalía en su cabecita.

—Algún día vas a ser famosa, te lo prometo—dijo Roger cuando apagó la computadora, acariciando a Gigi que estaba acostada en su camita y se preparaba para dormir.

Teresa, Regina y Luis ya dormían plácidamente, con el fresco característico del mes de noviembre, y al canto de las ranas y grillos de aquel barrio quieto del suburbio cancunense.

8. LA POSADA (FIESTA DE NAVIDAD)

Habían pasado dos tercios del mes de diciembre. Era el inicio de la temporada alta, que en la zona turística de Cancún y otros destinos turísticos de México y el caribe se esperaba con muchos ánimos, pues es la época de vacaciones donde hay una derrama económica importante, por el turismo que llega de los países de Norteamérica buscando tierras más cálidas. Este éxodo de norteamericanos y canadienses beneficia directa o indirectamente a todos los habitantes de los polos turísticos mexicanos, pero de todos, seguramente el más beneficiado es Cancún.

—Hola Roger ¿Cómo estuvo la reunión con tus amigos los canadienses? —preguntó Amanda al pasar por el escritorio del lobby del hotel donde Roger se encontraba. —Siento no haber podido llegar. Ese día salí muy tarde y estaba muy cansada. Me hubiera encantado conocerlos. ¿De dónde son exactamente? —preguntó con verdadero interés.

—Bueno —respondió Roger —a ver si me acuerdo. Tracy creció en Peterborough y Dwaine creció en Lindsay. Se conocieron en Peterborough y establecieron su hogar en Cavan. Me dijeron que los tres lugares están muy cerca unos del otro, como a treinta minutos.

—¿Dices que Dwaine creció en Lindsay? —preguntó Amanda —. ¡Yo soy de Lindsay! ¡Debo de conocerlo! —Exclamó ella con los ojos bien abiertos, y continuó interrogando—. ¿Cómo dices que se llama? —volvió a preguntar.

—Dwaine, Dwaine McCabe, fue la respuesta.

Después de un segundo Amanda pareció ordenar su memoria y exclamó con una sonrisa:

—¡Lo conozco! ¡Claro que lo Conozco! —afirmó llevándose la mano izquierda a la boca en señal de incredulidad —. Pero qué pequeño es el mundo Roger. ¡No lo puedo creer! —volvió a exclamar.

—¿De verdad lo conoces? —pregunto Roger con el mismo grado de incredulidad.

—Sí —, afirmó ella— fuimos a la misma preparatoria. Él era amigo de un chico con el que yo salía. ¡No lo puedo creer! —dijo una vez más.

Trabajaron ese día atendiendo a los huéspedes de aquel hotel en el que Amanda logró colocarse para trabajar en el equipo de animación, en los eventos deportivos como el volleyball playero, el soccer de playa y en las actividades diarias de la piscina, ya que Amanda era una apasionada de los deportes. También era la encargada del tour de bicicletas para huéspedes y, a veces, participaba en los shows de la noche en el teatro. Su español había mejorado mucho desde su llegada hacía ya casi un año, por lo que su tiempo en México por esta ocasión estaba llegando a su fin.

—No llegues tarde a la posada de navidad —dijo Amanda a Roger alzando su mano en señal de adiós.

—Más bien tú asegúrate de llegar —respondió Roger.

—Hoy tienes que bailar salsa conmigo —amenazó ella mientras se alejaba sonriente.

—¡Prometido! —gritó él.

Roger se quedó pensativo un rato, fue precisamente en una de estas famosas fiestas de trabajo, llamadas "Posadas", que realizan las empresas cada diciembre, para esparcimiento de los trabajadores, que su amigo de la niñez Erick Marcial, había perdido la vida.

En otra ocasión una compañera terminó arrestada por conducir bajo los influjos del alcohol, también después de la "Posada". Siempre sucedía algo malo en ellas. Y él iba a estas fiestas, pero nunca convencido al cien por ciento de asistir.

Él se había sentido muy agitado en esos días. Los ciento veinte kilogramos que pesaba le inferían un sobrepeso extra de cuarenta kilos aproximadamente. En su mente ya había decidido ponerse a dieta a principios de enero y por fin deshacerse de esos kilos de más que no lo dejaban realizar las actividades físicas a las que estaba acostumbrado.

Llegó a su casa después de manejar media hora, que era el tiempo que le tomaba llegar del hotel a su casa por la autopista a Chichen Itzá. Descansó un rato y Gigi comenzó a jugar inmediatamente con sus pies. Él la alzó, la abrazó y la besó. Después impartió a Luisito su clase de piano y juntos repasaron algunas piezas de navidad. Regina había regresado de su clase de barro y revisaba algunos modelos de tazas navideñas que iba a hacer para regalos de la época. En esta ocasión no quiso tomar su clase de piano correspondiente, lo cual le dio a Roger un poco más de tiempo para descansar. Tere preparaba una cena ligera para poder cenar juntos antes de que él se fuera a la famosa posada.

—Te ves cansado —le dijo Tere.

—Sí, lo estoy —respondió él—. Iré un rato a la posada, solo a hacer acto de presencia y regresaré pronto —le dijo a su esposa.

—No vayas papi —dijo Regina desde el sofá de la sala.

—Hijita, te prometo que sólo iré un rato y regresaré pronto amor —respondió.

Una vez que se vistió y cambió dos veces de camisa, pues, debido al sobrepeso, ya no había muchas camisas en el closet que le quedaran holgadas, todas le quedaban demasiado justas del hombro y del abdomen, lo que las hacía muy incómodas para usar. Por fin pudo encontrar una de su agrado y que le quedara bien. Cenaron juntos y después de cepillarse los dientes, aplicarse un poco de loción Hugo Boss, salió, besando a cada uno de los miembros de su familia, incluyendo a Gigi, quien también salió a la calle a despedirlo.

—No tomes —le dijo Tere.

—No —respondió él—. Te prometo que regresaré pronto —dijo antes de partir.

Tomó el camino que lo llevaba a la autopista y se apresuró a llegar al hotel donde sería la fiesta. A propósito, llegó tarde para estar allí el menor tiempo posible e involucrarse lo menos posible con el alcohol. La fiesta estaba a todo lo que daba, la música era variada y pronto sirvieron la cena.

Tragos de ron y whiskey habían sido servidos en las mesas redondas que agrupaban a los compañeros de trabajo a quienes conocía por más de una década, generalmente los del área de ventas del hotel donde todos trabajaban.

Había mucha alegría en todos los corazones, algunos sostenían felices y con merecido recelo los regalos que se habían ganado en la tradicional rifa navideña. Saludó y abrazó con mucha alegría a su compañera Judith y a su novio Glen. Amanda se veía extraordinariamente bella con un vestido negro, sin mangas y corto que al combinarlo con sus zapatillas negras la hacía sentir como una princesa. Un vestido que brillaba cuando un haz de luz lo golpeaba. Parecía que fue hecho especialmente para ella.

José y Ayesha, los recién casados, parecían actores de Hollywood caminando por la alfombra roja. Mientras que los más jóvenes realmente la estaban pasando bien al ritmo de la música de reguetón que estaba sonando. Fer, Charlie, Mitchell y Carlos hacían alarde de cómo podían bajar los glúteos hasta el piso reguetoneando.

Clarita, con su vestido negro estaba irreconocible. Alejandra, La Carrillita, trataba de integrarse al baile, pidiendo que le pusieran música de Bachata para practicar los pasos recientemente aprendidos en Punta Cana.

Virgilio y Wilberth no cesaban de pedir todo tipo de alcohol, aprovechando que eran gratis. Luis el *roomboy* disfrutaba alguna bebida en silencio y miraba a todos los que bailaban en la pequeña pista.

Todos emanaban alegría. Todos lucían bellas prendas que los hacían seres excepcionales y felices. De repente cambió la música, la tradicional salsa se hizo presente con Marc Anthony, le siguió Oscar de León, el Negrito de la salsa, Cali Pachanguero del grupo Niche y todas aquellas canciones famosas que de alguna manera habían logrado quedarse para siempre en el colectivo social musical.

Amanda no se había hecho esperar y con gracia canadiense mostraba los pasos que había aprendido con el equipo de animación del hotel. Realmente amaba la música latina y deseaba bailar, aunque fuera una sola pieza, con cada uno de sus compañeros. El ambiente era único, un poco caluroso por el baile, pero muy animado, hasta que de repente Roger, quien también bailaba con sus compañeros en la pista, cayó al piso de madera sin dar aviso de nada. Con dolor reflejado en su rostro trataba de agarrarse el pecho con su mano derecha. Su compañero Lalo Alcaraz se acercó y pidió que despejaran el área, lo acomodó con cuidado en el piso de madera y pidió que llamaran a una ambulancia, pero unos segundos más tarde, el cuerpo de Roger yacía inmóvil y fue el mismo Lalo quien dijo que ya no tenía pulso, intentando masajear el pecho, pero sin ningún resultado positivo.

Había confusión, llanto, gritos de desesperación y, efectivamente, cuando la ambulancia llegó y los paramédicos subieron al lugar, confirmaron el diagnóstico de Lalo: ¡¡Roger había fallecido!! un infarto al miocardio había acabado con su vida.

Alejandro Carrillo, el director del club y jefe de todos solicitó que cesaran la música, la fiesta había terminado y pidió que nadie tomara fotos. A sus amigos Nazario y Marco García les encargó la difícil tarea de comunicar a Teresa la fatal noticia.

—Tú habla con ella —dijo Marco a Nazario.

—Ok —respondió Nazario tomando su celular para hacer la llamada.

Un brevísimo saludo y le dio la inesperada noticia:

—Roger acaba de fallecer, Tere. Lo lamento mucho —dijo—. Vamos a enviar por ti y te vamos a ayudar a dar las vueltas que sea necesario dar. No estás sola. De verdad lo lamento —balbuceó secándose las lágrimas que rodaban por sus mejillas.

—Vamos a traerla —dijo Marco.

—Yo voy con ustedes —agregó José Celis.

Mientras tanto, el llanto se había apoderado de Tere, de Regina y de Luis. Los niños lloraban siguiendo a su mamá sin saber en realidad lo que había sucedido. Por fin Regina pudo gritar:

—¿Qué pasóooo? ¿¿¿Le sucedió algo a mi papá???

Tere solo movió la cabeza y la abrazó.

—Tuvo un accidente —le dijo— sollozando y tratando de ahogar el llanto que cada vez se hacía incontenible.

—¿Y cómo está? —Preguntó Regina llorando.

—Mal —alcanzó a dibujar Tere con los labios sin poder pronunciar la palabra —, mal— volvió a decir. Muy mal. Papá murió hijita.

—¡¡¡¡Noooo!!!! —Gritó Regina— ¡¡Noooo!! ¡¡Paapiiii!!

9. EL FUNERAL

Era el medio día de aquél 22 de diciembre de 2009. Teresa y Regina estaban devastadas en un sofá de piel de la funeraria donde era velado el féretro de Roger.

Luisito dormía plácidamente en el otro extremo del sofá, tapado con su colcha favorita, misma que le había dado su padre la Navidad anterior. Gigi yacía muy quieta junto a Regina sin quitar la mirada hacia donde sabía que se encontraba su amo.

Ésta vez ya no escribía. Ya no podía ver sus dedos índices golpear las teclas de la computadora. De sus ojos bajaban dos líneas oscuras, indicativo que también había llorado la muerte del escritor a quien ya no vería más escribir cada noche. También se sentía devastada. No sabía qué sería de su vida. Pensaba en Tracy, quien le había hablado al despedirse aquella noche que estuvieron en casa y le dijo que, de no tener dueño, sería capaz de llevársela hasta Canadá para hacerle compañía a Rex y a las niñas. En su mente no había otra cosa que llegar a Canadá. Acabar en los brazos de Tracy sería lo mejor que le pudiera pasar, especialmente en estos momentos de absoluta tristeza y sentimientos de soledad.

Amanda pidió permiso para salir un poco más temprano del hotel para asistir al funeral. Llegando, fue directamente hasta donde estaban Teresa y Regina, llorando con ellas y lamentando profundamente la muerte de su amigo. También acarició a la perrita, que no tenía ánimos de jugar ni de ser perturbada en el luto guardado a su amo.

—¿Y qué vas a hacer? —preguntó a Tere.

—Creo que nos iremos de aquí —respondió Tere con incertidumbre.

—¿Y a dónde? —volvió a preguntar Amanda.

Tere sólo encogió los hombros y movió la cabeza indicando no saber a dónde ir.

—De verdad lo lamento mucho Tere, —dijo Amanda mientras ambas lloraban —. Debe de ser muy triste, pero te prometo que lo vas a superar. El tiempo será tu mejor aliado.

Teresa solo asentía con la cabeza mientras más lágrimas brotaban sin cesar de sus ojos y se apresuraban a rodar por sus mejillas. Su mirada estaba en un punto fijo, sin ver nada a la vez. Parecía perdida, en la nada.

—Tere —continuó Amanda—, si algún día quieres ir a Canadá, allá tienes casa. No tienes que preocuparte de nada. Tú y los niños siempre serán bienvenidos allá. ¡¡¡Siempre Tere!!! Incluso si quieres que los niños estudien allá, yo puedo ayudarte con los trámites —dijo.

—Gracias —respondió Teresa sin ninguna ilusión.

—¿Y Gigi? —preguntó Amanda —. Esta pequeñita va a sufrir la ausencia de su amo. La gente no sabe que los animales también sienten lo que le sucede a cada miembro de la familia —dijo—. Y ellos saben perfectamente quien es el líder del hogar, por lo que en estos casos sufren tremendamente la ausencia del líder cuando ya no está.

Gigi abrió los ojos y alzó ambas orejas indicando que sabía que estaban hablando de ella.

—Si gustas, yo me puedo hacer cargo de ella —dijo —. Debido a la fuerte conexión que había entre Gigi y Roger, para Regina va a ser un símbolo de tristeza constante, pues su subconsciente va a relacionar a la perrita con su papá y eso será un detonante constante de tristeza y depresión. Si gustas, yo la puedo llevar conmigo y te prometo cuidarla como si fuera mi propia mascota.

Dicho esto, Gigi se puso de pie y comenzó a menear la pequeña cola y comenzó a ladrar y a moverse como cuando un perro solicita cariño y que lo carguen. Comenzó a saltar sobre el mueble y se paró sobre sus patitas traseras.

—¿Te gustaría ir a vivir en Canadá preciosa? —preguntó Amanda y se acercó a ella y la tomó entre sus manos.

Gigi comenzó a lamerla. Tere volteó a ver a Regina y le dijo:

—Creo que la perrita quiere irse a Canadá.

Regina encogió los hombros, en señal de aprobación. Su padre había sido todo para ella. Él representaba su mundo y sus proyectos de vida. Quería estudiar lo que él había estudiado, para defender a los animales. Quería hablar los idiomas que su padre hablaba para visitar muchos países. Quería viajar por los lugares que su padre había viajado y conocer muchos lugares más. A su corta edad su padre le había enseñado a comprar boletos de avión. Ya sabía hacer pagos con las tarjetas de crédito. Era capaz de hacer el *web check-in* por sí sola y checar el estado de los vuelos.

Regina era una "personita muy madura", como solía describirla su progenitor. Y ahora allí estaba, sola frente al mundo, pero lista para enfrentarse a él.

"Sí", asintió con la cabeza, sin decir palabra.

—Pues…adelante —murmuró Tere—. Cuídala mucho por favor, porque la vamos a ir a visitar. ¿Cuándo te vas?

—Pasado mañana —respondió Amanda.

—¿Dónde vives tú? —preguntó Tere una vez más.

—En Lindsay —respondió Amanda.

—¿Eso es cerca de donde viven Dwaine y Tracy? Creo que eso fue lo que dijeron el día que estuvieron en la casa —concluyó Tere.

—Sí, muy cerca —dijo Amanda—. De hecho, yo conozco a Dwaine. Fuimos a la misma *high school*—respondió Amanda.

—Bueno —dijo Tere—, tal vez algún día la puedas llevar a visitarlos. Estoy segura que tanto Gigi como ellos se alegrarán de volver a verse.

—Oh cuenta con ello —concluyó Amanda, quien ya tenía a la cachorra en sus brazos.

—Despídete de Regina —dijo, mientras la acercaba a Regi.

Esta pegó su frente con la de la perrita y, una vez más, se soltó a llorar. Amanda la abrazó y la consoló diciéndole que Gigi estaría muy bien y que cuando quisiera podría volver a verla. Sin decir palabra Regina asintió, moviendo imperceptiblemente la cabeza.

El funeral siguió su curso. El director de coros, Miguel Ángel García, Christian Papas, Edgar y otro compañero del Coro Sinfónico de Cancún improvisaron un cuarteto y entonaron algunos himnos.

Al cabo de una hora llegaron la mamá del difunto, su hermano Jorge y su primo José, desde Villahermosa, para agregar un poco más de llanto y tristeza a la triste escena velatoria.

10. GIGI VUELA A CANADÁ

Era el día 24 de diciembre. Alrededor de las 7:30 de la mañana, Amanda se encaminó al aeropuerto de Cancún con todo el equipaje que pudo acomodar en dos maletas gigantes. Al llegar a la Terminal 4, el taxista bajó las dos maletas de la cajuela ya que ella sostenía en una mano su bolso y un abrigo, mientras en la otra sostenía un bolso de mano más pequeño donde iba Gigi.

Entraron al atascado aeropuerto seguidas por un maletero que jalaba sus dos piezas gigantes y, de inmediato, se apresuró a buscar el mostrador de la Aerolínea Transat, vuelo TS 327 de las 11:05, con destino a la ciudad de Toronto. Había una larga fila para documentar el equipaje que parecía interminable y a esa hora el aeropuerto tenía un tráfico increíble de personas que llegaban apresuradas, otras corrían de un lado para el otro buscando el mostrador de sus aerolíneas.

Después de documentar las dos maletas gigantes, subió a la parte superior de la sala de vuelos internacionales de la Terminal 4 y ya más relajada Amanda buscó un Starbucks. El hecho de que no hubiera uno en Lindsay hacía que cada vez que tenía la oportunidad se premiara a sí misma con un café de la muy famosa tienda.

—¿Con leche o con crema? —preguntó la señorita detrás del mostrador.

—Con crema, por favor —respondió inmediatamente, a pesar de que no era domingo, que era cuando generalmente le gustaba manejar a Peterborough para comprarse uno.

Recibiendo el café no pudo evitar llevárselo a la nariz y oler su exquisito aroma al tiempo que cerraba los ojos mientras inhalaba el suculento vapor. Caminó y se paró frente a una pantalla más o menos grande. Se acomodó sus anteojos y enseguida sus ojos color miel recorrieron de arriba abajo cada uno de los vuelos listados allí, hasta que vio el suyo muy hasta debajo de la pantalla. TRANSAT TS327 TORONTO 11:05 ON TIME. "¡¡Yes!!", dijo, y buscó un lugar donde sentarse. Colocó sus cosas en los asientos contiguos, dio un sorbo a su café y sacó su celular. Después de revisar el clima en la región de Toronto se dirigió a su acompañante:

—Hmm, parece que vas a tener tu primer blanca Navidad Gigi. Ahora mismo está nevando, levemente, pero está cayendo nieve. Espero no nos manden a alguna otra ciudad —dijo mirando a Gigi que desde la mañana no mostraba ningún signo de alegría. Más bien parecía pensativa.

Al cabo de una hora, por fin, el altavoz de la sala anunció: "Pasajeros del vuelo Transat número TS 327 de las 11:05 a. m. con destino a Toronto, favor de proceder a la fila de abordar."

Más de trescientas personas se pusieron de pie, agarraron sus cosas y comenzaron a formar una línea interminable. Amanda había pagado un poco extra para no tener que esperar demasiado para abordar, así es que, después de pocas personas, fue su turno de abordar. Mostró el QR en su celular junto con su identificación canadiense y le dieron la bienvenida y la señal de pasar. En poco tiempo ya estaban acomodadas en su asiento 10F. Amanda acomodó el bolso donde iba Gigi de tal manera que ella pudiera ver los aviones y el paisaje a través de la ventanilla.

Era un día soleado y caluroso en la ciudad caribeña que recibía veinticuatro millones de turistas al año. Gigi se paró sobre el bolso y puso sus patas delanteras en el marco de la ventanilla de cristal. Grababa todo en su memoria. Tal vez su protuberancia le permitía tener un cerebro más grande de lo normal y eso le daba la habilidad de memorizar todo lo que escuchaba sin olvidarlo. Se sabía por completo cada una de las piezas del álbum de navidad de Canadian Brass y el de Celine Dion que Roger solía escuchar cada vez que se sentaba a escribir. Enya era otra de sus favoritas, y también sabía qué canción le seguía a la que estuviera sonando.

—Here we go[9] —dijo Amanda cuando el avión procedió al despegue.

Gigi quiso escalar un poco más arriba y pegó su nariz a la ventana sin perder detalle de lo que sus ojos veían. Amanda la alzó con sus manos para que pudiera seguir viendo.

—Wow mira esa laguna tan bonita —le decía a Gigi. Y tiene varias piscinas adentro. Algún día que regresemos a Cancún nos hospedaremos allí —dijo—, parece un bonito resort y está justo en la ciudad. Seguramente lo encontraremos en Booking o en Airbnb.

Alzó su celular y tomó una foto de lo que parecía un magnífico resort con una laguna en medio. Adiós Cancún, decía Amanda mientras agarraba la patita derecha de Gigi y, en señal de despedida, decía adiós a la ciudad que se veía a través de la ventanilla de cristal.

Gigi se bajó del bolso y escondió su cabeza para ocultar sus lágrimas. Atrás quedaba un pasado que prometía ser feliz, pero al final no lo fue. Algo salió mal, porque la vida es así, nos ofrece momentos dulces como también momentos amargos. Pero si algo había aprendido de su amo fue que en la vida se tiene que luchar por los sueños. Y se tiene que hacer hasta lo imposible para lograrlo. "Lucha tanto por lo que quieres", lo escuchó decir una vez por teléfono a Camila en Venezuela, "hasta que la vida no tenga más remedio que dártelo". "¡SI LO PUEDES CONCEBIR EN TU MENTE, LO PUEDES HACER REALIDAD!", escuchó decir una vez en la televisión a un tal Jordi Rosado. Y eso era justamente lo que ella tenía en mente, hacer su sueño realidad. Y cada kilómetro que el avión avanzaba la acercaba más a ese sueño.

---

[9] Aquí vamos.

11. LA LLEGADA A CANADÁ

"Estimados pasajeros", se oyó en el altavoz del avión, "en breves minutos estaremos aterrizando en la Ciudad de Toronto. La temperatura es de cuatro grados centígrados. Pedimos abrochar sus cinturones de seguridad y permanecer en sus asientos. En nombre de Aerolíneas Transat, del capitán y de la tripulación les damos las gracias. Bienvenidos a Toronto".

Se sintió una pequeña turbulencia, pero en breve el avión ya se acomodaba en el hangar correspondiente. Los vehículos para descargar el equipaje ya se acercaban por abajo del avión. Poco a poco, los pasajeros comenzaron a tomar sus pertenencias que venían en el compartimiento superior y comenzaban a caminar hacia la puerta de salida.

Amanda se puso el abrigo, tomó sus dos bolsos, colocando a Gigi en el más pequeño y después de recoger sus maletas se encaminó a la salida. El ambiente navideño en el aeropuerto internacional Pearson de Toronto era totalmente distinto al de Cancún. Había decoración navideña reluciente por todos lados. La ambientación y la música navideña iban de la mano. Sleigh Ride de Canadian Brass sonaba en todo el aeropuerto, después siguió Carol of the Bells mientras continuaban hacia la puerta de salida. Al llegar, un caballero delgado la recibió y la abrazó, la besó y le dio la bienvenida.

—Who is this?[10] —preguntó el caballero.

—Ohh es Gigi —le dijo—. Una larga historia de mi amigo Roger, quien falleció antier.

—Déjame ayudarte con ella —le dijo, mientras caminaban hacia su camioneta 2011 Chevrolet doble cabina blanca, fabricada por la empresa donde él trabajaba. Subieron a la camioneta súper equipada y cómoda del sobrio caballero, una vez que todo el equipaje estaba arriba, y salieron. "Bryan Adams en Concierto" decía una espectacular vaya gigante que se encontraba ubicada antes de la salida del aeropuerto.

—¿Bryan Adams? ¿Cuándo? —preguntó ella.

—El próximo martes —respondió él—, tengo boletos para ir, dijo. Después iremos a Keg, the Steakhouse.

—Me parece fantástico —agregó ella. Ya quiero que sea martes.

Gigi, que iba mirando por la ventana sostenida por Amanda, estaba maravillada con los bellos paisajes blancos y los árboles todos pintados con nieve. Era todo un espectáculo ver esos hermosos paisajes que de otra manera nunca habría visto. Todo el trayecto de dos horas y media en la carretera le pereció un sueño, una película, sin embargo, los recuerdos de lo que había dejado atrás todavía no le permitían disfrutar al máximo aquellos paisajes que sin lugar a dudas eran únicos e indescriptibles.

Por fin llegaron a la casa. ¡Qué vecindario tan bonito! El paisaje era como una postal. Los jardines eran de un blanco puro y los árboles se veían tan bellos con hilos de nieve colgando de sus ramas. Todo parecía fantástico. El techo se veía mucho más grueso de lo que realmente era, por el efecto de la nieve acumulada encima. La casa de ladrillos rojos con, sus picos en el techo, la nieve que lo cubría y las ventanas insuladas con nieve colgando como hielo de ellas, la hacían parecer como una casa de película de fantasía.

---

[10] ¿Quién es ella?

Un pino gigante se erguía dos tantos más por encima de la casa y un árbol rojo hacía un juego perfecto con el rojo de los ladrillos de la fachada. Gigi observó la casa lo mejor que pudo antes de que entraran en ella. Claramente, alcanzó a ver un hueco donde un gato podría salir y entrar sin dificultad. Recordó de qué dirección habían venido antes de estacionar la camioneta blanca en el *driveway* y en su mente trató de imaginarse hacia dónde quedaría Peterborough y hacia dónde Cavan. El frío era terrible. Entraron a la casa que estaba bastante caliente y acogedora. Amanda fue recibida por sus progenitores, David y Carol, quienes la abrazaron fuertemente después de un año de no verla. Acordaron encontrarse para la cena de Navidad alrededor de las ocho de la noche. Amanda puso en la mesa, que ya estaba adornada en modo Navidad, dos botellas de Tequila Don Julio edición especial. Dijo estar cansada y partió a su recámara para desempacar y descansar un poco. Gigi quedó sola por allí. Por lo que no le quedó más remedio que recorrer la casa, verificando que el hueco que había visto desde el jardín permitía a un gato mediano entrar y salir sin problema.

Dando las ocho de la noche, comenzaron a congregarse en la sala los miembros de la familia de Amanda quienes estaban felices de que por fin hubiera regresado. Eran una familia muy unida por lo que la su regreso era otro motivo de celebración aparte de la Navidad. Llegaron sus tres hijos y su nieto Finnley, de un año, a quien se moría por conocer y ya desde antes de regresar de México era su adoración.

La cena estuvo fantástica. Amanda sacó algunos regalos para los asistentes, algunos souvenirs mexicanos para adornar la casa. A las doce de la noche Amanda gritó en español portando un sombrero de mariachi en su cabeza

—¡¡FELIZ NAVIDAD!!

—Feliz Navidad —dijeron algunos, y el resto gritó:

—¡¡MERRY CHRISTMAS!!

Se pusieron de pie y, felizmente, se abrazaron unos y otros. Por el tiempo que estuvo ausente, Amanda era el foco de atención y todos la abrazaban y le decían lo felices que estaban de que hubiera regresado. Gigi observaba sola desde un rincón cuidándose de que nadie la fuera a pisar. A ella nadie la tomó en cuenta. Nadie preguntó por ella. Amanda nunca dijo nada sobre ella. Ahora se sentía más sola que nunca.

12. NOCHEBUENA EN CASA DE LOS MCCABE

Mientras tanto, en Cavan, los McCabe vivían tiempos de angustia. Rex, el pastor alemán de la familia había desaparecido hacía una semana. Las niñas Rachel y Danielle habían crecido con él. Rex les había dado tantas horas de felicidad a las niñas que la sola idea de no volver a verlo las aterraba y las hacía las niñas más infelices del mundo.

Rex era un perro de catorce años, que había perdido la audición, veía poco y hasta el olfato había perdido. Cuando se habló de llevarlo a una veterinaria para dormirlo, las niñas se opusieron a la idea, especialmente Rachel, quien sentía un profundo amor por Rex. Ella lo bañaba con agua caliente y lo secaba, le hacía la pedicure, le limaba las uñas, le limpiaba los oídos y le hacía profilaxis dental.

Siempre decía que de grande estudiaría higiene dental para mantener los dientes de toda la familia sanos, incluso los dientes de Rex. A la edad de siete años un perro puede significar mucho para una niña, y esto era exactamente lo que Rex significaba para Rachel. Ella era quien más lloraba su ausencia. Le había pedido a su papá que salieran a buscarlo en el bosque en más de una ocasión sin éxito alguno.

—Hijita —le dijo Dwaine la última ocasión que iban a salir a buscarlo— tienes que entender que los animales conocen sus tiempos y saben cuándo ha llegado la hora de partir. Es lo que ha pasado con Rex. Él ya vivió los años que un perro tiene que vivir, por eso se ha ido al bosque para morir tranquilo, en paz. Es la ley de la vida hijita. Todos los seres vivos comenzamos a morir el mismo día que nacemos, o incluso antes. Es una ley de la naturaleza y no podemos ir en contra de ella. Yo mismo algún día tendré que partir. Es la ley de la vida. Nacemos para cumplir un propósito y después morimos, hayamos cumplido ese propósito o no. Estoy seguro que Rex ya descansa y para no verte sufrir decidió marcharse al bosque sabiendo que su momento había llegado. Vamos a salir a buscarlo una vez más, pero si no lo encontramos, deberemos dejarlo en paz. ¿Estás de acuerdo?

Ella movió la cabeza en señal de afirmación y salieron. Incluso algunos vecinos y familiares se unieron a la búsqueda. Después de algunas horas de intensa búsqueda, por fin Dwaine dijo a todos que ya era suficiente. Se reunieron en un área despejada del bosque y elevaron una oración por Rex.

La noche previa a la navidad, Garry, el papá de Dwaine hizo una oración a la hora de la cena para agradecer por los alimentos. Pidió consolación para Rachel y Danielle por la pérdida de Rex y también oró por Roger, a quien no conoció, pero sabía que él y Dwaine se trataban como hermanos.

En ese momento Dwaine sentía la pérdida de Rex y también la de Roger, su amigo mexicano con quien había entablado una gran amistad. La cena de Navidad fue totalmente diferente a la de años anteriores. Cada año la familia se congregaba, servían la cena y también servían una porción para Rex, quien era un miembro más de la familia.

Después de la cena Dwaine anunció que, al día siguiente, el día de Navidad, podrían hacer una de tres cosas:

—Podemos ir a pasear en motos de nieve, o bien podemos abrir los regalos o podemos ir al cine —dijo.

—Yo no quiero abrir regalos —respondió Rachel—. El único regalo de Navidad que quiero es ver a Rex —dijo, y comenzó a llorar.

Los ojos de Danielle también se mojaron, pero no dijo nada.

—Ya habíamos hablado de eso —dijo Tracy un poco molesta para ver si así las lágrimas cesaban, sabiendo que Rachel había pedido en una carta a Santa como regalo de navidad ver a Rex aunque fuera por última vez.

Entonces el abuelo se recompuso en su asiento, aclaró su garganta y dijo:

—Hijita, lo que pides es un imposible. Ya hemos buscado a Rex varias veces y no lo encontramos. Todos amamos profundamente a Rex, pero eso que tú pides es imposible. Yo propongo que mañana al medio día vayamos a los hogares de resguardo de perros, a las perreras municipales para buscar un perro que te guste y lo adoptamos. En esos lugares siempre hay perros muy bonitos y cariñosos que están deseosos de ser adoptados. Y, por último, solo si no encontramos un animal que te guste, podemos ir a una tienda de mascotas y buscar algún cachorrito que te guste y sea tu regalo de Navidad. Tú le pondrás el nombre que desees y así volveremos a tener un perro en la familia. ¿Te parece? — Le preguntó y Rachel movió la cabeza, secándose las lágrimas.

Su abuelo la abrazó fuertemente, la besó en la frente y le dijo:

—Merry Christmas[11], amor.

Todos la abrazaron y, aunque con lágrimas en los ojos, todos le dijeron "¡¡Merry Christmas!!"

—Merry Christmas —respondió ella tratando de sonreir, indicando que todo estaba bien —. Good night Grandpa, Good night Grandma, Good night dad, Good night mom —les dijo a todos[12] y se fue a dormir junto con su hermana Danielle.

—No olvides hacer tu oración hijita —dijo Faye—. Pide para que mañana sea un gran día de Navidad —concluyó la abuela.

—Eso haré, grandma —respondió Rachel subiendo las escaleras.

Dwaine y Tracy se miraron a los ojos y ambos se dijeron:

—Merry Christmas.

---

[11] Feliz navidad.
[12] Buenas noches, buenas noches abuelo, buenas noches abuela, buenas noches mamá, buenas noches papá.

—Muchas gracias, pa —dijo Dwaine.

—Mil gracias —dijo Tracy. Y minutos después todos subieron a dormir.

13. LA HUÍDA

Serían la una o dos de la mañana en Lindsay. Todos se habían ido de casa de Amanda y los que habitaban allí también se fueron a dormir. Amanda había sido el centro de atención y Gigi había sido ignorada por completo. Sabía perfectamente que eso sería así por siempre.

Cuando eres ignorado desde el principio, siempre serás ignorado. La atención no es algo que se deba rogar. Quien te ama, te atiende, y quien no te ama nunca lo va a hacer. No, no estaba dispuesta a rogar amor. Sabía perfectamente que, a tan solo veinte o treinta kilómetros de allí, en un lugar llamado Cavan había alguien que le había demostrado verdadero amor.

"Lástima que tienes un buen dueño", le había dicho Tracy mirándola a los ojos, "si no, te llevaría a vivir con nosotros a Canadá". Y por las palabras de Dwaine, preferiría mil veces conocer a Rachel a quedarse para siempre en casa de los Newton.

A esa hora de la madrugada todo estaba decidido. Buscó el hueco que había visto en la pared del tamaño perfecto para que pudiera entrar y salir un gato. Empujó la placa de metal y ésta se movió. Segundos después estaba cayendo en la fría nieve. Era horrible estar a una temperatura que nunca antes había experimentado. Se orientó en sentido contrario de donde habían venido del aeropuerto.

"La mejor manera de llegar a Cavan desde Lindsay es yendo a una pequeña comunidad al Oeste llamada Omemee", le dijo Dwaine a Ale cuando esta le pidió la dirección y también instrucciones de cómo llegar hasta su casa en Cavan. "Después", había dicho Dwaine, "vas hacia el Sur sobre Sky Hill Road hasta Bethany, que es otra comunidad pequeña. Y de allí vas hacia el Oeste otra vez sobre el Hwy 7ª, y ese te lleva directo a Cavan. De allí nuestra casa está en el número 537 Hwy 7ª".

Habiendo recordado las instrucciones de Dwaine, comenzó a correr sabiendo que tenía en su contra el hecho de no conocer la orientación precisa, la baja temperatura, la poca visibilidad de la noche, y cualquier otro peligro u obstáculo que pudiera surgir en el camino.

Pero aún tenía presentes las palabras que su difunto amo decía a Regina: "Cuando tengas un sueño, lucha por él una y otra vez hasta que lo logres", le había dicho en múltiples ocasiones.

Continuó corriendo por las oscuras calles, sorteando estancos de nieve helada. Sus patas estaban entumidas. Su corazón latía fuertemente. No sabía cuánto había corrido. Su mente ya iba en automático y pronto comenzaría a divagar.

Había pasado unos campos de golf y otros tantos lugares deportivos amplios. Había corrido durante varias horas y ya no podía más. Tomó por la vía número diez. La hipotermia estaba afectándole el conocimiento y la percepción de la realidad. Trataba de recordar la música que Roger escuchaba para mantenerse despierto cuando escribía, pero ya no sonaban igual en su mente.

El vuelo del abejorro, tocada por los metales del Canadian Brass sonaba en su mente como una pesadilla, una serie de ruidos que la hacía divagar y ver todo tipo de sombras y monstruos que la perseguían. Estaba en un estado paranoico terrible. Llegó a un lugar con un letrero que decía Mapple Leaf Park. Su pequeño corazón no daba más. Sus cortas patas se doblaban y ya era difícil mantenerse de pie. El ruido en su mente era enloquecedor. Sentía que su final había llegado con los primeros rayos de sol que, apaciblemente, comenzaban a asomar.

De la paranoia pasó a la esquizofrenia. Estaba a punto de caer rendida, temblorosa y con mucho miedo cuando, de repente, vio una jauría de lobos feroces que venían corriendo a toda velocidad hacia ella. La sola idea de morir devorada por un grupo de lobos hambrientos le dio la fuerza para emprender la huida.

Ya no buscaba a donde ir. Solo corría por miedo a ser devorada No sabía dónde estaba. Su sentido de orientación estaba totalmente trastornado. Había perdido la noción del tiempo, y ninguno de sus sentidos funcionaba bien. El desafinado ruido en su cabeza cada vez se hacía más ensordecedor. Los lobos no dejaban de perseguirla y aunque algunos de ellos tenían alas no la podían alcanzar.

Corrió y corrió hasta que su diminuto cuerpo helado cayó fulminado en el bosque. Todo había terminado. Por su mente pasaron diferentes escenas de su corta vida. De su familia dejada atrás en México, de Roger, de Regina y de Luis. De Tracy abrazándola y de Rachel a quien nunca conoció. Allí estaba exhausta, tirada sobre la nieve en el denso bosque helado y su corazón que había latido a todo lo que pudo latir, estaba a punto de explotar. Sus ojos se cerraron y en ese momento sintió ser atrapada por una de las terribles fieras, quien la tomó con sus fauces por el lomo y se la llevó caminando lentamente a una cueva. Su corazón ya no latía. El final había llegado.

14. MERRY CHRISTMAS IN CAVAN

Serían las siete de la mañana de aquel frío 25 de diciembre del año 2009. Los McCabe dormían plácidamente, cuando, de repente, se escucharon unos ladridos a lo lejos entre los árboles cubiertos de nieve. Rachel los escuchó y rápidamente se puso de pie y se acercó a la ventana abriéndola un poco para poder escuchar los ladridos que sonaban un poco familiares.

— ¡¡Es Rex!! ¡¡Es Rex!! —gritó despertando a Danielle, quien la siguió apresurada hasta la recámara de sus papás, quienes ya habían escuchado los gritos de Rachel y ya se habían asomado a su ventana también para escuchar efectivamente los ladridos de Rex.

—¡¡Volvió Rex, papá!! ¡¡Vamos a verlo!!

El abuelo ya también se preparaba al oír los ladridos lejanos de Rex. Rachel se puso su chaqueta azul y su bufanda roja por el intenso frío que hacía. Todos los demás también se pusieron sus chaquetas, zapatos y guantes, y salieron en la dirección de donde habían escuchado los ladridos que para entonces ya habían cesado.

Caminaron en dirección de la que todos concordaban habían venido los ladridos. No encontraban nada.

—Pero sí es cierto que eran los ladridos de Rex —dijo Rachel llorando—. No les estoy mintiendo —balbuceó.

—Es cierto hijita —le dijo Dwaine—. Yo también escuché unos ladridos, pero seguramente no eran de Rex. Tal vez algún otro perro ladró y nosotros nos imaginamos que era Rex, pero no era. El cerebro a veces nos hace algunas bromas o malas jugadas.

—Es cierto lo que dices —dijo el abuelo—, pero esta vez no estoy de acuerdo hijo. Yo estoy despierto desde antes que saliera el sol y yo también estoy seguro de que no fue un sueño y tampoco fue mi imaginación. Yo escuché los ladridos de Rex mucho antes que Rachel gritara que Rex había regresado.

—Sigamos buscando —dijo— y todos siguieron con la búsqueda.

—Adentrémonos un poco más en el bosque sin separarnos demasiado. No nos perdamos la vista unos de otros. Avancemos separados, pero en línea recta sin dejar de inspeccionar cada árbol o piedra en el camino.

Y así avanzaron en la profundidad del bosque con la espesa nieve, hasta que Rachel se topó con un árbol grande y viejo y cuando lo rodeó, en el interior del árbol ahuecado yacía el cuerpo inerte del animal.

—¡¡¡Es Rex!!! ¡¡¡Es Rex!!! —Gritó Rachel con desesperación.

Todos corrieron a verificar el hallazgo. El primero en llegar fue Dwaine quien lo tocó sólo para decir:

—Está muerto.

Su cuerpo, aunque todavía tibio, ya estaba endureciendo por el penetrante frío. Con cuidado lo sacó de la cueva del árbol y enseguida preguntó Rachel:

—Dad, ¿Qué es ese bultito color café que hay allá más adentro?

Tracy se arrodilló y se asomó para ver el pequeño bulto color café que apenas respiraba. Metió su mano y lo agarró notando que estaba caliente aún.

—¡¡Ohh no!! —exclamó Tracy—. Esto no puede ser, ¡¡Es Gigi, la perrita de Roger!!

—Eso no es posible —dijo el abuelo con cara de incertidumbre— ¿Cómo iba a llegar este animalito desde Cancún hasta aquí? Es cualquier otro perrito que se perdió por aquí, concluyó el abuelo.

—No, no, no —agregó Tracy—. Esta perrita es la misma que yo tuve en mis piernas durante horas aquella tarde que estuvimos en casa de Roger. Esta cabecita es única —dijo— mostrándoles a toda la protuberancia de Gigi en su cabeza mientras la acariciaba.

—Es correcto —agregó Dwaine—. Pero…—murmuró sin concluir—, esto es… —dijo pausadamente otra vez sin concluir.

—¡Es un milagro! —dijo la abuela Faye.

—¡Es un milagro abuelita! —dijo Rachel llorando. Es mi regalo de Navidad. El que yo pedí en oración. Es el regalo de Rex. ¡¡¡Gracias Señor!!! ¡¡¡¡UN MILLON DE GRACIAS!!!! —continuó juntando sus manos a la altura del pecho y mirando hacia el cielo—. Mi oración fue respondida abuelito —añadió.

—Así es hijita. Cuando oramos con fe nuestras oraciones son respondidas. Y entonces ¿Qué haremos hoy?

—Abrir los regalos de Navidad —dijo Rachel feliz abrazando a la perrita—, bueno, ustedes van a abrir sus regalos, yo ya tengo el mío —exclamó sosteniendo a Gigi en el aire, mientras esta lamía amorosamente su mano.

NOTA A LOS PADRES

México ocupa el vergonzoso tercer lugar en maltrato a nivel mundial. ¡El tercero! ¿Y cómo estamos en los índices de violencia social? Pues, a decir verdad, estamos peor que nunca. ¿Habrá alguna relación entre el maltrato animal y la violencia social?

Está comprobado que el maltrato animal es la antesala a la violencia social. México ocupa el cuarto lugar de los países con mayor puntuación de criminalidad en el mundo. Alguien que es capaz de infringir dolor o maltrato a un animal, o incluso la muerte, tarde o temprano va a trasladar ese maltrato u odio hacia otro ser humano, pues, al igual que la energía, el maltrato no se destruye ni se extingue, solamente se transforma. Se transforma de maltratar a un tipo de vida, la del animal, a maltratar a otro tipo de vida, la del humano. Por nuestro alto índice de criminalidad, México es considerado como un país peligroso. De los más peligrosos del mundo. Somos un país con un alto índice de violencia criminal y esto se originó por no haber enseñado a los niños y jóvenes el respeto hacia los animales y las personas.

Dicho lo anterior, los adultos de hoy tenemos que tener muy en cuenta que si crecimos en un ambiente de violencia animal o familiar y el resultado es un país socialmente violento, deberíamos considerar educar y formar a nuestros hijos con una serie de valores y de respeto por los animales y por todo aquello que representa a un ser vivo si queremos dejarles a nuestros nietos un país mejor, un mundo mejor. Porque el tiempo ya se nos vino encima.

El país y el mundo que le estamos dejando a nuestros hijos es uno de violencia. Este es un país teñido de rojo por tantos asesinatos a lo largo y ancho de nuestro territorio. No podemos confiar en las autoridades porque las autoridades fallaron en el pacto social de cuidar y velar por la seguridad de cada uno de los ciudadanos. ¡Fallaron! Entonces, si ya les heredamos un país violento a nuestros hijos, si no podemos confiar en las autoridades, porque en muchos casos se ha comprobado que las mismas autoridades han estado coludidas en la comisión de crímenes de alto impacto para la sociedad, lo único que podemos hacer es arrancar la hierba mala y preparar la nueva semilla esperando que los frutos que den sean mejores de los que hoy estamos cosechando y viviendo.

Entonces, involucrémonos más en las cosas y asuntos de nuestros hijos. Seamos no solo sus padres, seamos sus amigos, seamos sus compañeros, seamos sus héroes, seamos sus guías. Seamos lo que nuestros hijos necesitan para sentir que no caminan solos en este mundo de violencia. Pongamos en sus mentes y corazones que ellos serán quienes cambiarán al mundo.

Juegue con sus hijos. Haga deportes con ellos. Lea con ellos. Dedíqueles tiempo. No les deje el trabajo de la educación a las escuelas y maestros. La implantación de valores y una buena educación comienzan en casa. Valores como el amor, el respeto, la dignidad, la lealtad, la honestidad, el compañerismo y tantos otros, corresponde a los padres enseñarlos. En la escuela irán a aprender, matemáticas, español, literatura, filosofía, álgebra, ciencias sociales, economía, etc. Pero los valores que los harán personas rectas, personas de bien, esos se enseñan en casa.

Seamos padres responsables y formemos personas honestas y respetuosas de los demás, si queremos algún día tener un mundo mejor. No les pida a sus hijos que dejen de un lado el celular. Deje usted su celular primero. No les pida a sus hijos que hagan ejercicio si usted se la pasa echado con el control de la TV en la mano desde que llega a casa. Los hijos no escuchan, ellos miran lo que usted como padre hace. Así es que predique con el ejemplo.

Comencemos por inculcar en nuestros hijos el amor por los animales más cercanos, por las mascotas. Enseñemos la responsabilidad de cuidarlos, de atenderlos y de amarlos. Cuando nuestros hijos sean amables, cariñosos y amorosos con los animales, seguramente aprenderán a amar y respetar la vida de todo ser humano.

CONSIDERACIONES FINALES

México es el país con más perros callejeros en el mundo, con un total de casi veinte millones de caninos en situación de calle o de abandono, en contraste con Holanda, donde no existen perros en las calles. Según datos de la Brigada de Vigilancia Animal, tan solo en la Ciudad de México hay 1.2 millones de perros callejeros.

México ocupa el tercer lugar a nivel mundial en maltrato animal, tan sólo después de Grecia y España. La costumbre del maltrato animal fue traída de Asia por los conquistadores españoles y desde entonces ha ido en aumento.

Hoy en día existen leyes para protección de los animales, pero muy poco de lo que establecen dichas leyes se observa en la práctica. Se sabe que el maltrato animal es la antesala a la violencia social, razón por lo cual es de suma importancia enseñar a nuestros hijos el respeto a los animales.

CINCO FORMAS DE AYUDAR A PERROS Y GATOS EN SITUACIÓN DE CALLE

- Practica la adopción de mascotas.
- Apoya a los refugios con donaciones económicas o de alimento.
- Esteriliza y cuida a tus mascotas.
- Denuncia el maltrato animal.
- Cuídalos en la calle. No los maltrates.

Cancún, México. Diciembre de 2022

ROGER A. RODRÍGUEZ R.

 Roger Arturo Rodriguez Romero nació en Villahermosa, Tabasco, un lugar tropical y húmedo del sureste de México en 1967.

Es Licenciado en Derecho por la Universidad Mundo Maya. Obtuvo la Maestría en Derecho Corporativo por la misma universidad. También obtuvo una Maestría en Ciencias Penales por el Instituto Manuel José de Rojas en San Cristóbal de las Casas, Chiapas y la Especialidad en Derecho Civil por el Instituto de Estudios Fiscales en Tuxtla Gutiérrez, Chiapas. También Obtuvo la Especialidad en Defensa Médica en la Comisión Nacional de Arbitraje Médico en la Ciudad de México.

A los 17 años dejo su tierra para realizar estudios de música en la Universidad de Montemorelos, en Nuevo León. De allí emigró a los Estados Unidos donde estudió Inglés como Segundo Idioma (ESL) en Suffolk Community College en Long Island y posteriormente realizó estudios de Construction Engineering en la Universidad del Estado de Nueva York (SUNY), Campus Farmingdale.

Amante de la música, ha sido integrante del Coro Sinfónico de la Universidad de Montemorelos, de la Nassau Community Simphonic Orchestra, de la Orquesta Juvenil de Chiapas y del Coro Sinfónico de Cancún hasta el inicio de la Pandemia.

Desde niño mostró su afición por la lectura. Cuando su padre le decía que se pusiera a estudiar (matemáticas), él tomaba el libro de español, lecturas y cuentos y se ponía a leer éste en lugar del libro de matemáticas que su padre le ordenaba.

Ha escrito para un periódico local en su tierra natal y para una revista médica en Tuxtla Gutiérrez artículos de política y de responsabilidad médica, rama en la que ejerció como abogado litigante.

Su pasión por la lectura y por los libros lo ha llevado a escribir Gigi, la obra que hoy tienes en tus manos, Justicia Divina, 5pm La Hora de un Asesino y Ardientes Noches de Verano, que pronto saldrán a la luz.

*****

Como escritor autopublicado, dependo en gran medida de mis lectores para llegar a nuevas personas. Me ayudas muchísimo dejando una reseña en Amazon o en tu plataforma / librería favorita.

Made in the USA
Coppell, TX
19 December 2022